Made in the USA
Monee, IL
21 November 2021

82693658R00070